Le vrai test de leadership est de faire grandir les autres.
Harriet Beecher Stowe

LEADERSHIP ET CROISSANCE
LE MANUEL DE L'ENTREPRENEUR VISIONNAIRE

PAR : RŪMĪ ABDOŪLATĪF

Copyright © 2024 Rūmī Abdoūlatīf Tous droits réservés.

Aucune partie de cet ouvrage (Leadership et Croissance: le manuel de l'entrepreneur visionnaire) ne peut être reproduite, distribuée ou transmise sous quelque forme ou par quelque moyen que ce soit, y compris la photocopie, l'enregistrement, ou d'autres méthodes électroniques ou mécaniques, sans l'autorisation écrite préalable de l'auteur, sauf dans le cadre des citations brèves incluses dans des critiques ou articles.

TABLE DES MATIÈRES

Introduction : Le Chemin de l'Entrepreneuriat
  Un Moteur de progrès
  Mon Parcours
  Un Leader en Mouvement
Chapitre 1 : Stratégie d'Entrepreneurs
  Créer une Vision et un Plan d'Action
  Les Différents Modèles d'Affaires
  S'adapter aux Changements du Marché
Chapitre 2 : Croissance et Expansion
  Comment Stimuler la Croissance de votre Entreprise
  Entrer sur de Nouveaux Marchés
  Réseautage et Partenariats Stratégiques
Chapitre 3 : Opérations et Efficacité
  Optimisation des Processus et des Systèmes
  Gestion du Temps et des Ressources
  L'Importance de la Productivité
Chapitre 4 : Marketing et Ventes
  Stratégies de Marketing Digital et Traditionnel
  Techniques de Vente Efficaces
  La Construction d'une Marque Durable
Chapitre 5 : Finances et Fonds
  Gestion Financière et Comptabilité
  Lever des Fonds et Financer son Expansion
  L'Art de l'Investissement
Chapitre 6 : Leadership et Équipe
  Comment Inspirer et Diriger une Équipe
  Le Recrutement et la Rétention de Talents
  Créer une Culture d'Entreprise Positive

Chapitre 7 : Technologie et Transformation Digitale
   L'Impact de la Technologie sur l'Entrepreneuriat
   Les Outils Digitaux Indispensables
   Automatisation et Intégration des Processus

Chapitre 8 : Innovation et Recherche et Développement
   Stimuler la Créativité et l'Innovation
   L'Importance de l'Investissement dans la R&D
   Rester à la Pointe des Tendances Technologiques

Chapitre 9 : Équilibre Vie-Travail et Bien-être Personnel
   Gérer le Stress et Éviter l'Épuisement Professionnel
   L'Importance de la Santé Mentale
   Équilibre entre Vie Professionnelle et Personnelle

Conclusion : L'Entrepreneur Visionnaire
   Synthèse des Leçons Clés
   Se Préparer aux Défis Futurs
   L'Aventure Entrepreneuriale comme Expérience de Vie

Recommandations de Livres.

Recommandations de Sites Web et Blogs.

Un grand merci à Nathalie Donovan et Hedgardt H. Graham pour tous leurs conseils. Merci également à ma famille, qui a toujours été mon plus grand soutien.

INTRODUCTION
Le Chemin de l'Entrepreneuriat

> Ta place sera toujours auprès de ces âmes chaleureuses et audacieuses qui connaissent des glorieuses victoires.
> **Rūmī Abdoūlatīf**

L'entrepreneuriat est bien plus qu'une simple voie vers la création d'une entreprise prospère où la construction et l'entretien d'une famille. C'est une quête d'amélioration personnelle constante, une expérience qui pousse à explorer ses propres limites, à réinventer sa vision de la vie et à découvrir les profondeurs de son potentiel. Leadership et Croissance le livre des l'Entrepreneurs Visionnaire, a pour but de fournir des outils concrets et des stratégies éprouvées pour ceux qui souhaitent se lancer dans cette grande aventure. Mais au-delà de cela, cet ouvrage a pour mission d'inspirer, de motiver et de rappeler qu'en tant qu'entrepreneurs visionnaire, vous êtes aussi les créateurs de votre propre destinée.

Mon parcours personnel en est un exemple vivant. En 2016, j'ai pris une décision radicale : celle de m'éloigner des miens pour un certain temps, un temps dont j'espérais, et espère toujours, par la bénédiction de la source créatrice, d'avoir le pouvoir d'être et de rester dans un processus constant d'amélioration, chaque jour et en tout point de vue. Ce désir d'excellence m'a Guidé à quitter mon territoire (la France) pour l'Angleterre, j'ai dû apprendre une nouvelle langue, trouver un emploi et commencer à investir massivement dans ma propre personne.

En 2019, la vie a pris un tournant inattendu. Après avoir perdu mon emploi, je suis tombé dans la case des sans-abri et je suis resté là pendant trois ans et demi.

Ces années difficiles ont certes forgé mon caractère et renforcé ma résilience, mais elles m'ont aussi fait toucher le fond. La grande majorité des décisions que j'ai prises durant cette période difficile se sont avérées erronées, puisqu'elles m'ont propulsé dans la prison de Wandsworth, une situation qui aurait pu briser définitivement bien des gens.

Cependant, tout au long de mon existence, je me suis toujours considéré comme un homme précieux, un homme de grande valeur, et je pense aujourd'hui que ce genre de réflexion est la pierre angulaire qui peaufine et maintient le caractère et le leadership des entrepreneurs visionnaires.

En prison, j'ai découvert le stoïcisme et la méditation à travers la lecture, deux disciplines qui m'ont grandement apporté de la valeur. Plutôt que de céder à l'amertume et au désespoir, j'ai choisi de voir cet emprisonnement comme une opportunité. J'ai étudié, médité, et commencé à écrire ce qui allait devenir mon premier ouvrage : (**9 Clés**

pour Accéder au Cercle des Gagnants), dont j'ai publié sur Amazon quelques mois après ma sortie de prison. Cet ouvrage est accompagné de plusieurs notes sur le stoïcisme intitulé: (**Les Codes du Stoïcisme : Le Livre Noir.**) Cet ouvrage a marqué un tournant dans ma vie. Il a synthétisé tout ce que j'avais appris : les principes stoïciens des grands philosophes tels que Sénèque et Marc Aurèle, ainsi que des leçons concrètes sur le développement personnel et professionnel.

Ainsi, leadership et croissance n'est pas le fruit d'une expérience entrepreneuriale directe – du moins pas encore – mais plutôt l'aboutissement de tout un cheminement mental et philosophique, un périple intérieure. J'ai voulu en faire un guide pratique pour les futurs entrepreneurs, mais aussi un manuel qui respecte la réalité brute des échecs, des défis et des renaissances. Car, en fin de compte, l'entrepreneuriat n'est pas seulement un exercice économique : c'est une révolution personnelle, une quête pour réaliser ses rêves, parfois contre vents et marées.

Dans Leadership et Croissance vous trouverez des stratégies pour diriger une entreprise, mais aussi des réflexions sur la croissance intérieure nécessaire pour devenir un véritable entrepreneur visionnaire. Mon ambition avec ce manuel est de vous fournir des outils pratiques, tout en vous incitant à puiser dans vos propres expériences, à transformer les échecs en opportunités et à réaliser que chaque étape, même la plus difficile, peut vous rapprocher de grandes réussites. Dans ce Manuel des

Entrepreneurs Visionnaire, je partage avec vous tout ce que j'ai appris et expérimenté à travers mes lectures et mes propres expériences, avec l'espoir que cela vous servira à vous aussi.

Bonne lecture !

CHAPITRE 1
Stratégie d'entrepreneurs

> "Il n'est rien de plus puissant qu'une idée
> dont l'heure est venue."
>
> **Victor Hugo**

L'une des premières étapes de toute aventure entrepreneuriale est la définition d'une stratégie claire et efficace. Sans stratégie, une idée, même brillante, court le risque de rester à l'état de rêve. Une bonne stratégie n'est pas seulement une feuille de route, c'est un guide pour naviguer dans un paysage incertain, plein de défis, mais aussi de grandes opportunités.

Tout commence par une vision. Les entrepreneurs les plus accomplis n'ont pas seulement une idée de produit ou de service, mais une vision précise de ce que leur entreprise pourra devenir et de l'impact qu'elle pourra avoir sur le marché et la société. Une vision forte ne se limite pas à une simple aspiration ou à des rêves ambitieux. Elle doit être concrète et s'accompagner d'une direction claire : où voulez-vous emmener votre entreprise ? Comment voyez-vous son évolution dans cinq ou dix ans ?

L'exemple de Thomas Edison, l'un des plus grands inventeurs et entrepreneurs de tous les temps à mon point de vue. Edison n'a pas seulement cherché à inventer des produits révolutionnaires, il avait une vision de la manière dont ses inventions changeraient le quotidien des gens. Lorsqu'il a inventé l'ampoule électrique, (tout en sachant que d'autres inventeur ont apporté leurs pierres à cet édifice), son objectif n'était pas seulement de créer une source de lumière, mais de créer un système électrique complet qui pourrait être installé dans des foyers du monde entier. Cette vision intégrée a non seulement permis à Edison de concevoir l'ampoule, mais aussi de bâtir une entreprise capable de produire et de distribuer de l'électricité.

La première question à laquelle chaque entrepreneur visionnaire doit répondre est : quel problème résolvez-vous ? Les entreprises qui réussissent sont celles qui offrent une solution concrète à un problème réel. Ce problème peut être grand ou petit, mais il doit avoir une valeur perçue par le client. Trop souvent, les entrepreneurs tombent dans le piège de développer un produit ou un service sans se demander s'il existe un besoin réel pour celui-ci.

Prenons l'exemple de Henry Ford. Avant de fonder la Ford Motor Company, Ford avait une vision simple mais révolutionnaire : il voulait rendre la voiture accessible à tout le monde. À cette époque, les voitures étaient des produits de luxe, réservés aux riches. Ford a identifié le problème : la production de voitures était trop coûteuse et trop lente. En réponse, il a mis au point des techniques de production de masse, comme la chaîne de montage, qui ont permis de réduire les coûts et de fabriquer des voitures plus rapidement. Grâce à cette approche, Ford n'a pas seulement réussi à résoudre un problème technique, mais il a aussi transformé un marché entier.

Une autre question clé dans l'élaboration de votre stratégie est : qu'est-ce qui rend votre produit unique ? En d'autres termes, quelle est votre proposition de valeur unique ? ou on peut reformuler cette question ainsi, Qu'est-ce qui vous distingue de la concurrence ? Dans un marché saturé, il est crucial d'avoir quelque chose qui différencie votre produit ou service. Cela peut être une fonctionnalité spécifique, un service client exceptionnel, un modèle économique innovant, ou même un positionnement de marque particulier.

Si vous regardez des entreprises comme Apple, leur réussites repose en grande partie sur leur proposition de valeur unique. Alors que d'autres entreprises d'informatique se concentraient sur les spécifications techniques et la performance brute, Apple s'est concentré sur l'expérience utilisateur, le design et la simplicité d'utilisation. Leur vision était de créer des produits technologiques qui soient à la fois puissants et accessibles à tous. Cette approche a permis à Apple de se différencier de la concurrence et de bâtir une marque de confiance.

La rigidité est l'ennemie de la croissance dans un environnement économique en perpétuelle mutation. Une bonne stratégie ne consiste pas seulement à établir un plan fixe, mais à adopter une mentalité flexible qui permet d'ajuster la direction au fur et à mesure que les conditions évoluent. Les marchés, les besoins des clients, et les technologies changent rapidement, et les entreprises qui réussissent sont celles qui savent s'adapter.

L'un des exemples les plus frappants est celui de Nokia. Dans les années 1990, Nokia était le leader mondial des téléphones mobiles. Cependant, à mesure que les smartphones ont émergé et que les consommateurs ont commencé à rechercher des téléphones multifonctionnels, Nokia n'a pas su adapter sa stratégie à cette nouvelle réalité. À l'inverse, des entreprises comme Samsung et Apple ont rapidement réagi en développant des produits répondant à ces nouveaux besoins, ce qui leur a permis de capturer une grande part du marché. La leçon à retenir ici est simple : il faut être prêt à ajuster sa stratégie pour répondre aux nouvelles demandes du marché.

Outre la flexibilité, il est essentiel de garder un œil sur la concurrence. Comment battre vos concurrents ? Il ne s'agit pas seulement d'offrir un meilleur produit, mais aussi de comprendre le marché, d'anticiper les mouvements des concurrents et de s'assurer que vous êtes en position de force pour réagir. Pour cela, une analyse concurrentielle est cruciale. Vous devez connaître les forces et les faiblesses de vos concurrents, mais aussi identifier des opportunités de marché qu'ils pourraient ignorer.

Un excellent exemple ici est celui de Jeff Bezos, le

fondateur d'Amazon. Bezos a toujours été obsédé par la concurrence, mais d'une manière particulière : il ne cherche pas à les suivre, mais à innover au-delà. Amazon s'est concentré sur l'expérience utilisateur, l'expansion rapide et l'efficacité logistique, ce qui leur a permis de battre leurs concurrents non seulement par le prix, mais aussi par la qualité du service.

Enfin, un aspect souvent négligé dans la stratégie entrepreneuriale est la stratégie de sortie. Savoir dès le début comment vous envisagez la fin de l'aventure entrepreneuriale peut influencer beaucoup de décisions en cours de route. Voulez-vous vendre votre entreprise un jour ? La transmettre à vos enfants ? Vous concentrer sur une IPO (offre publique d'achat) ? Ces questions peuvent sembler lointaines, mais elles sont cruciales pour déterminer comment structurer et développer votre entreprise.

En matière de stratégie entrepreneuriale, il est essentiel de comprendre que la route vers la réussites n'est ni linéaire ni prévisible. Les entrepreneurs doivent constamment s'adapter à un environnement en mutation rapide. Mais s'il y a un aspect qui reste immuable, c'est la capacité à identifier les opportunités là où d'autres peuvent voir seulement des obstacles. C'est ici qu'intervient la notion de proposition de valeur unique (P.V.U) .

Chaque entrepreneur doit être capable de répondre à cette question de manière claire et convaincante. Qu'est-ce qui vous rend votre produit unique encore une fois ? La proposition de valeur unique est ce qui distingue une entreprise de ses concurrents et fait qu'un client choisit votre produit ou service plutôt qu'un autre. Les entreprises qui réussissent le mieux sont celles qui articulent une (P.V.U) qui parle directement aux besoins et aux désirs de leur public cible. Prenez l'exemple d'une entreprise qui se positionne sur un marché saturé. En apparence, le produit ou service proposé pourrait ne pas différer beaucoup de ceux des concurrents. Mais ce qui fait la différence, c'est la capacité à communiquer cette valeur de manière qui attire et captive l'attention.

Au début du XXe siècle, Madam C.J. Walker, une femme noire américaine devenait la plus grande entrepreneuse de son époque, en créant une gamme de produits capillaires pour les femmes noires. Elle a su transformer une passion en une opportunité commerciale tout en résolvant un problème que beaucoup d'autres n'avaient même pas remarqué. À une époque où les produits de soin pour cheveux étaient inexistants pour les femmes noires, elle a compris que répondre à ce besoin spécifique la placerait dans une position de force. Son entreprise a prospéré parce qu'elle a su traduire son P.U.V (proposition de valeur unique) en un message pertinent pour une communauté souvent négligée.

Madam Walker a non seulement construit un empire commercial, mais elle a aussi inspiré des générations à venir en démontrant que la clé de la réussite réside dans une bonne compréhension des besoins du marché et la capacité de créer des solutions innovantes Outre l'importance de la proposition de valeur, une autre facette essentielle de la stratégie entrepreneuriale est l'analyse concurrentielle. Les entreprises évoluent dans des écosystèmes complexes où de nouveaux acteurs émergent constamment, et les entrepreneurs doivent trouver des moyens non seulement de se démarquer, mais aussi de surpasser leurs concurrents.

Cela commence par une compréhension profonde de vos compétiteurs, mais surtout de leurs faiblesses. Là où beaucoup échouent, c'est en essayant de reproduire ce qui fonctionne déjà dans d'autres entreprises, sans se demander s'il existe un meilleur chemin. Votre stratégie devrait toujours chercher à combler les lacunes laissées par la concurrence. Alors comment battre la concurrence ?

Plutôt que de créer simplement un téléphone performant, Steve Jobs a identifié que les consommateurs désiraient plus qu'un téléphone : ils voulaient un outil intuitif, simple et qui révolutionnerait leur manière de communiquer et d'interagir avec le monde. L'iPhone n'était pas simplement un produit innovant, c'était une nouvelle manière de concevoir le téléphone.

Une autre approche pour devancer vos concurrents est d'investir dans l'innovation continue. Les entreprises stagnent souvent lorsqu'elles se reposent sur leurs lauriers et n'explorent pas de nouveaux horizons. Cependant, les entrepreneurs qui réussissent sont ceux qui continuent d'innover, même après avoir conquis une part importante du marché. Enfin, un entrepreneur avisé sait que l'adaptabilité est cruciale. Les marchés changent rapidement sous l'influence de nombreux facteurs : les tendances des consommateurs, les nouvelles technologies, ou encore les bouleversements économiques globaux. Ceux qui échouent sont ceux qui s'accrochent trop fermement à une stratégie rigide, incapables de pivoter lorsque les circonstances l'exigent.

À ses débuts, la société Netflix se concentrait sur la location de DVD par courrier. Mais, au fil du temps, elle a compris que l'avenir de la consommation de contenu se trouvait dans la diffusion en continu. En empruntant cette nouvelle direction technologique, Netflix a non seulement survécu, mais a dominé un marché en pleine transformation. Son agilité à anticiper les changements de comportement des consommateurs et à s'adapter rapidement lui a permis de dépasser des géants comme Blockbuster, qui, eux, sont restés trop attachés à un modèle obsolète.

Pour les entrepreneurs ayant déjà établi une base solide sur leur marché local, l'expansion mondiale est une étape stratégique naturelle à considérer. Cependant, se lancer à l'international n'est pas une décision à prendre à la légère. Ce processus demande non seulement une préparation rigoureuse mais aussi une capacité à comprendre les spécificités culturelles, économiques et légales des nouveaux marchés ciblés.

L'un des principaux avantages d'une stratégie d'expansion

globale est l'opportunité d'accéder à de nouveaux segments de clientèle, d'élargir la notoriété de la marque et de diversifier les sources de revenus. Toutefois, cela nécessite également une adaptation des produits ou services pour répondre aux préférences culturelles et aux réglementations locales. Les entreprises qui réussissent à l'échelle internationale sont celles qui sont capables de conserver leur identité tout en s'adaptant aux besoins spécifiques de chaque région.

Un exemple classique de réussite dans l'expansion mondiale est celui de Coca-Cola. Bien qu'il s'agisse d'une marque universellement reconnue, la société a su adapter ses produits et sa stratégie marketing en fonction des cultures locales. Dans certains pays, les recettes ont été modifiées pour correspondre aux goûts locaux, tandis que dans d'autres, les campagnes publicitaires ont été axées sur des valeurs culturelles spécifiques. Cette approche flexible mais cohérente a permis à Coca-Cola de devenir une des marques les plus prospères au monde.

Aussi cruciale que soit la stratégie d'expansion, aucune entreprise ne peut réussir sans une équipe solide et engagée. En tant qu'entrepreneur, votre rôle ne se limite pas à la gestion des finances ou à la planification stratégique. Vous devez également incarner le leader qui inspire et guide votre équipe vers la réalisation des objectifs fixés.

L'une des clés pour bâtir une équipe capable de soutenir la croissance est de recruter des personnes qui partagent votre vision et vos valeurs. Bien que les compétences techniques soient essentielles, la culture d'entreprise joue un rôle tout aussi important. Les employés doivent se sentir motivés par la mission de l'entreprise et être prêts à s'adapter à des environnements en constante évolution. Cela signifie que l'investissement dans la formation et le développement professionnel doit être une priorité.

Un autre aspect crucial est la gestion des talents à l'échelle mondiale. Lorsque vous vous étendez à l'international, il est souvent nécessaire de recruter des talents locaux qui comprennent mieux les particularités du marché. Ces employés peuvent non seulement apporter une expertise locale précieuse, mais ils sont également essentiels pour créer des liens authentiques avec les consommateurs de la région.

Un sujet souvent négligé par les entrepreneurs, dont j'ai abordé antérieurement est celui de la planification de l'exit ou stratégie de sortie. Un des meilleurs moments pour commencer à planifier cette étape est dès que l'entreprise atteint une phase de stabilité.

Le choix de la bonne stratégie de sortie dépendra des objectifs personnels de l'entrepreneur, des opportunités de marché, et des offres potentielles des acheteurs ou investisseurs. Certains entrepreneurs peuvent vouloir rester impliqués dans l'entreprise même après une vente partielle, tandis que d'autres préfèrent un retrait total pour se concentrer sur de nouveaux projets.

Ainsi se termine ce premier chapitre consacré à la stratégie des entrepreneurs. vous êtes désormais mieux équipé pour affronter les défis et saisir les opportunités qui se présenteront sur votre chemin.

CHAPITRE 2
Croissance et Expansion

"Ce qui ne nous tue pas nous rend plus fort."

Friedrich Nietzsche

La croissance d'une entreprise est l'un des aspects les plus passionnants et les plus stimulants du parcours entrepreneurial. Cependant, il ne s'agit pas simplement d'augmenter les ventes ou d'agrandir l'effectif ; la croissance doit être stratégique, durable et alignée avec les valeurs et la mission de l'entreprise. Dans ce début de chapitre, nous explorerons les différentes dimensions de la croissance entrepreneuriale, en mettant l'accent sur les stratégies, les défis, et les opportunités qui se présentent à chaque étape.
La croissance ne se produit pas dans le vide. Elle doit être soutenue par une compréhension approfondie des marchés, des consommateurs et des tendances économiques. Cela implique une planification minutieuse et une exécution rigoureuse. Comme le disait Frederick

Douglass, célèbre abolitionniste et écrivain : « Si vous ne pouvez pas expliquer cela simplement, vous ne le comprenez pas suffisamment bien. » Cette citation souligne l'importance de la clarté dans la vision et la stratégie de croissance.

Pour bien saisir les opportunités de croissance, il est crucial de commencer par une évaluation objective de la situation actuelle de l'entreprise. Cela comprend une analyse des forces, faiblesses, opportunités, menaces de l'entreprise qui permet de dresser un état des lieux. Cette évaluation aide non seulement à identifier les forces internes à capitaliser, mais aussi à reconnaître les faiblesses à surmonter.

Les marchés cibles sont au cœur de cette analyse. Quel est le profil de votre clientèle idéale ? Quels segments de marché n'ont pas encore été exploités ? L'identification de nouveaux segments de clientèle, que ce soit par le biais de la géographie, de la démographie ou du comportement d'achat, est une étape cruciale pour orienter les efforts de croissance.

Nubank, une banque numérique brésilienne. Lors de son lancement, a su identifier une opportunité de croissance massive dans le secteur bancaire traditionnel, perçu comme trop rigide et inaccessibile pour de nombreux consommateurs. En ciblant les jeunes et les personnes n'ayant pas accès aux services bancaires traditionnels, Nubank a pu croître rapidement et solidement. Une fois que les opportunités ont été identifiées, il est temps de définir une stratégie de croissance. L'une des approches les plus efficaces consiste à diversifier les produits ou services offerts. Cela peut signifier l'ajout de nouveaux produits, l'expansion dans de nouvelles régions, ou même le changement de marché cible. Par exemple, une entreprise de cosmétiques peut décider d'élargir sa gamme de produits en incluant des soins pour la peau ou des parfums, augmentant ainsi son attrait pour un public plus large.

En parallèle, l'innovation joue un rôle clé dans la croissance. Les entreprises qui adoptent une culture d'innovation sont souvent mieux préparées à s'adapter aux changements du marché et à répondre aux besoins émergents des consommateurs. En investissant dans la recherche et le développement, une entreprise peut non seulement améliorer ses produits existants, mais aussi en créer de nouveaux qui répondent à des demandes non satisfaites.

Une illustration célèbre de l'innovation réussie est celle de Apple, qui a su réinventer le marché des smartphones avec l'iPhone. Comme nous l'avons vu au premier chapitre, en combinant design élégant, technologie avancée et une expérience utilisateur exceptionnelle, Apple a transformé non seulement son propre modèle économique, mais aussi l'ensemble de l'industrie technologique.

Il est essentiel de définir des indicateurs de performance clés pour mesurer la croissance. Cela peut inclure des métriques telles que l'augmentation des revenus, l'expansion du nombre de clients, ou l'amélioration de la rentabilité. L'analyse régulière de ces indicateurs permet non seulement de suivre les progrès, mais aussi d'ajuster la stratégie en fonction des résultats obtenus.

Un bon exemple de cette pratique est celui de Zalando, le détaillant en ligne de mode. Au fil des ans, Zalando a surveillé attentivement ses indicateurs de performance clés, (I.P.C) ce qui lui a permis d'identifier des tendances dans le comportement d'achat et d'ajuster ses offres en conséquence. Par exemple, en remarquant une demande croissante pour des vêtements éthiques et durables, Zalando a diversifié son offre pour inclure des marques respectueuses de l'environnement.

Si la croissance est un objectif souhaité, elle peut également présenter des défis considérables. La gestion de la croissance rapide nécessite une planification stratégique pour éviter les pièges tels que la surcharge opérationnelle, la dilution de la culture d'entreprise, ou encore la perte de la qualité du service. Les entreprises doivent être prêtes à adapter leurs processus, à former leurs équipes et à investir dans l'infrastructure nécessaire pour soutenir la croissance.

Un exemple poignant de ce défi est celui de WeWork, qui a connu une expansion fulgurante mais qui a aussi dû faire face à des problèmes de gestion interne et à une dévaluation rapide de sa valeur marchande. En effet, la précipitation à se développer à tout prix sans une structure solide en place a conduit à des conséquences désastreuses.

Alors pour soutenir une croissance durable, il est essentiel de développer une culture d'entreprise qui valorise l'innovation, la collaboration et l'apprentissage continu. La culture d'entreprise peut être un puissant moteur de réussites. Lorsque les employés se sentent valorisés et motivés, ils sont plus susceptibles de contribuer à la mission de l'entreprise et de participer activement à sa croissance.

Un bon exemple de cette philosophie est Google, qui a créé un environnement de travail stimulant où l'innovation est encouragée. Google offre à ses employés la possibilité de consacrer un pourcentage de leur temps à des projets personnels, ce qui a conduit à la création de produits révolutionnaires comme Gmail et Google News. En promouvant un environnement propice à l'innovation, Google a pu maintenir sa position de leader sur le marché technologique.

À mesure qu'une entreprise se développe, elle doit également explorer de nouveaux marchés. Cela peut impliquer des extensions géographiques, l'entrée dans de nouveaux segments de clientèle, ou même la diversification vers de nouveaux secteurs. Pour réussir, il est crucial de mener des études de marché approfondies pour comprendre les besoins et les préférences des consommateurs dans ces nouveaux segments.

Netflix, en passant de service de location de DVD par correspondance aux streaming jusqu'a investir dans la production de contenu original, avait déjà anticipé la future tendance et a ainsi réussi à se positionner comme un leader mondial dans le domaine du divertissement.

L'internationalisation peut représenter une opportunité immense pour les entreprises souhaitant se développer.

Starbucks est un exemple d'entreprise qui a réussi son expansion internationale. En adaptant son offre aux goûts locaux tout en conservant son identité de marque, Starbucks a su conquérir des marchés variés, de la Chine à l'Inde. Par exemple, en Chine, Starbucks a introduit des boissons adaptées au palais local, tout en créant des expériences de café social qui résonnent avec la culture chinoise.

À mesure qu'une entreprise se développe, il est essentiel de maintenir la qualité de ses produits ou services. La croissance rapide peut parfois mener à des compromis sur la qualité, ce qui peut nuire à la réputation de la marque. Pour éviter cela, les entrepreneurs visionnaires doivent mettre en place des processus solides et des contrôles qualité rigoureux.

En misant sur le principe philosophique japonais du Kaizen, ou l'amélioration continue, Toyota a réussi à maintenir des standards de qualité élevés tout en se développant massivement. Ce focus sur la qualité a contribué à faire de Toyota l'un des plus grands constructeurs automobiles au monde, avec une réputation inégalée en matière de fiabilité.

Chaque parcours entrepreneurial est jalonné d'obstacles. Pour beaucoup d'entrepreneurs, l'un des plus grands défis est de gérer la pression de la croissance. La nécessité de répondre à une demande croissante tout en maintenant des opérations efficaces peut créer un stress considérable. Les entrepreneurs visionnaires doivent donc être prêts à prendre des décisions difficiles et à faire face aux incertitudes.

Un exemple inspirant est celui de Howard Schultz, ancien PDG de Starbucks, qui a dû faire face à des défis majeurs lors de l'expansion rapide de l'entreprise. En période de difficultés économiques, Schultz a pris la décision de se concentrer sur la qualité et l'expérience client, plutôt que sur une expansion à tout prix. Cela a permis à Starbucks de maintenir sa réputation et de renforcer sa position sur le marché.

Lorsque l'on envisage la croissance, il est crucial de porter une attention particulière à l'optimisation des opérations. Cela signifie examiner de près les processus internes de l'entreprise et identifier les domaines qui peuvent être améliorés pour soutenir une expansion rapide. Un fonctionnement efficace peut permettre d'économiser du temps et des ressources, ce qui est essentiel lorsque la demande augmente.

Amazon est un exemple de réussite dans ce domaine. L'entreprise a investi massivement dans ses systèmes logistiques et d'approvisionnement, créant ainsi un réseau de distribution incroyablement efficace. Grâce à l'automatisation, à l'utilisation de l'intelligence artificielle et à l'analyse des données, Amazon peut gérer une vaste gamme de produits tout en garantissant une livraison rapide. Cette optimisation des opérations a été un facteur clé dans sa capacité à croître à un rythme rapide tout en maintenant la satisfaction client.

Les partenariats stratégiques peuvent jouer un rôle essentiel dans la croissance d'une entreprise. Puisqu'on collaborant avec d'autres entreprises, les entrepreneurs peuvent accéder à de nouveaux marchés, partager des ressources et bénéficier de l'expertise d'autres acteurs du secteur.

Un bon exemple est Spotify, qui a noué des partenariats avec des entreprises telles que Facebook et Uber. Ces collaborations ont permis à Spotify d'atteindre de nouveaux utilisateurs et d'enrichir son offre de services. En intégrant ses services avec d'autres plateformes, Spotify a pu se positionner comme un leader dans l'industrie de la musique en streaming.

À l'ère numérique, les données aussi jouent un rôle central dans la prise de décision. Les entrepreneurs visionnaires doivent donc adopter une approche axée sur les données pour comprendre les tendances du marché et anticiper les besoins des clients. L'analyse des données peut fournir des informations précieuses sur le comportement des consommateurs, permettant aux entreprises de s'ajuster rapidement.

Airbnb en est un bon exemple. L'entreprise utilise des données pour optimiser ses prix, améliorer l'expérience utilisateur et cibler ses campagnes marketing. En analysant les comportements de réservation, Airbnb a pu ajuster ses offres et s'assurer qu'elles correspondent aux attentes de ses utilisateurs, renforçant ainsi sa position sur le marché.

Pour maintenir une croissance durable, les entreprises qui veulent rester en cours savent qu'ils doivent innover constamment. Cela signifie non seulement introduire de nouveaux produits ou services, mais aussi revoir régulièrement les modèles d'affaires et les processus internes. L'innovation doit être intégrée dans la culture d'entreprise pour qu'elle soit durable.

Pour assurer une réussite à long terme, il est crucial d'évaluer régulièrement la croissance de l'entreprise. Cela implique de suivre des indicateurs clés de performance (I.C.P) qui mesurent les résultats financiers, la satisfaction client et d'autres métriques pertinentes. Les entrepreneurs intelligents doivent être prêts à ajuster leur stratégie en fonction des résultats obtenus.

Tesla, par exemple, surveille de près ses I.C.P, notamment les ventes, la satisfaction client et les délais de production. En utilisant ces données, Tesla peut apporter des améliorations continues à ses opérations, ce qui lui permet de répondre efficacement à la demande croissante pour ses véhicules électriques.

Avec la croissance vient le risque. Les entrepreneurs visionnaires doivent être conscients des dangers potentiels et mettre en place des stratégies pour les atténuer. Cela peut impliquer la diversification des produits, la gestion de la trésorerie et la planification de divers scénarios.

CHAPITRE 3
Opérations et Efficacité

> Le chemin de la réussite est pavé de persévérance et de travail acharné.
>
> **Booker T. Washington**

L'efficacité opérationnelle est souvent ce qui sépare une entreprise qui stagne d'une entreprise qui prospère. Les opérations constituent le cœur battant d'une entreprise, où la gestion des ressources, des processus et des capacités détermine la capacité à croître et à s'adapter aux évolutions du marché. Une gestion minutieuse de ces éléments garantit non seulement la durabilité, mais aussi la compétitivité d'une entreprise dans un environnement en constante évolution.

Chaque entreprise, qu'elle soit une startup ou une multinationale, doit s'assurer que ses processus internes sont optimisés pour obtenir des résultats maximaux avec un minimum de ressources. Cela signifie que chaque étape, depuis l'acquisition des matières premières jusqu'à la livraison du produit fini, doit être pensée et repensée pour maximiser l'efficacité.

Prenons encore une fois l'exemple de Toyota, l'une des entreprises pionnières dans la gestion des opérations grâce à son système de production Lean. Ce système qui repose sur l'idée d'éliminer le gaspillage à tous les niveaux : que ce soit du temps, des matériaux ou des efforts humains. Toyota a instauré des méthodes comme le système du Kaizen dont nous avons déjà abordé antérieurement, qui favorise l'amélioration continue par de petits ajustements réguliers. Ce type de gestion permet non seulement de réduire les coûts, mais aussi de garantir la qualité et la constance des produits.

La gestion efficace de la chaîne d'approvisionnement est aussi cruciale pour toute entreprise souhaitant maintenir son avantage concurrentiel. Une chaîne d'approvisionnement bien gérée permet non seulement de garantir que les produits arrivent en temps voulu, mais aussi de réduire les coûts, d'optimiser les stocks et d'améliorer la satisfaction des clients.

Un exemple marquant est celui d'IKEA, le géant de l'ameublement. IKEA a réussi à rationaliser sa chaîne d'approvisionnement en optimisant chaque étape, de la conception des produits à la logistique, en passant par la production. Grâce à un réseau de fournisseurs bien organisé et à une gestion rigoureuse des stocks, IKEA peut proposer des prix compétitifs tout en garantissant une livraison rapide à ses clients partout dans le monde.

Les indicateurs de performance clés (I.P.C) sont essentiels

pour surveiller l'efficacité des opérations. Ils permettent aux entrepreneurs de savoir si les processus sont sur la bonne voie ou s'ils nécessitent des ajustements. Ces métriques peuvent inclure des éléments tels que le délai de production, les coûts de fabrication, le taux de défaillance des produits et le niveau de satisfaction client.

Zara, l'entreprise phare de l'industrie de la mode, utilise les I.P.C pour optimiser ses processus. Elle a développé un modèle de production extrêmement réactif, capable de lancer une nouvelle collection en quelques semaines seulement, tout en gardant un œil attentif sur la qualité des produits et la satisfaction des clients. En mesurant et en ajustant constamment ses processus, Zara a réussi à se démarquer dans une industrie où la rapidité est cruciale.

L'un des défis majeurs dans la gestion des opérations est la maîtrise des coûts tout en maintenant un haut niveau de qualité du produit. Cela nécessite une utilisation optimale des ressources : humaines, financières et matérielles. Une mauvaise gestion peut entraîner des gaspillages, une baisse de la qualité et une perte de compétitivité.

Un bon exemple est celui de Southwest Airlines, qui a réussi à maintenir des coûts bas tout en offrant un service de qualité. L'entreprise a adopté une politique de simplification de sa flotte d'avions, n'utilisant qu'un seul modèle, ce qui a permis de réduire considérablement les coûts de formation et d'entretien. De plus, en réduisant les services optionnels et en maximisant l'efficacité de chaque vol, Southwest Airlines a pu maintenir une rentabilité solide, même dans des périodes économiques difficiles.

La flexibilité est cruciale dans un monde en constante évolution. Les entreprises doivent être capables d'adapter rapidement leurs opérations en fonction des nouvelles demandes du marché, des évolutions technologiques ou des crises imprévues. Cela peut impliquer de redéfinir les processus, de revoir les partenariats ou d'intégrer de nouvelles technologies.

La pandémie de COVID-19 a révélé l'importance de cette flexibilité. De nombreuses entreprises, comme Tesla, ont dû adapter leurs chaînes de production pour répondre aux nouvelles conditions. Tesla, par exemple, a temporairement détourné sa production pour fabriquer des respirateurs médicaux en réponse à la demande croissante. Cette capacité à réorienter rapidement ses opérations a permis à Tesla de non seulement rester opérationnel, mais aussi de renforcer son image de marque en tant qu'entreprise innovante et réactive.

La gestion des goulots d'étranglement, l'un des principaux obstacles à l'efficacité opérationnelle. Ces points de friction dans les processus ralentissent la production, augmentent les coûts et peuvent même affecter la qualité des produits ou services. Identifier ces goulots et mettre en place des solutions pour les atténuer est une tâche essentielle pour tout entrepreneur.

Dans l'industrie automobile, des entreprises comme Ford ont dû relever ce défi avec ingéniosité. Lorsque Ford a développé la chaîne de montage, il a réussi à éliminer bon nombre des goulots d'étranglement traditionnels dans la production. En subdivisant le travail en tâches répétitives et spécialisées, Ford a accéléré le temps de production de ses voitures et abaissé les coûts. Bien que la chaîne de montage soit devenue un symbole de l'efficacité industrielle, elle montre surtout l'importance de repenser les processus pour éliminer les blocages qui freinent la productivité.

Les goulots d'étranglement peuvent apparaître dans toutes les industries. Ils peuvent être liés à des machines défectueuses, à une mauvaise gestion du personnel ou à une incapacité à répondre à la demande en temps voulu. Chaque entrepreneur doit régulièrement analyser les étapes clés de son activité et identifier les points de ralentissement. Ensuite, des solutions spécifiques doivent être mises en place, telles que l'amélioration de la maintenance des équipements, la formation continue des employés ou l'adoption de nouvelles technologies plus performantes.

L'un des moyens les plus efficaces d'améliorer les opérations est l'introduction de systèmes automatisés. Ces technologies permettent d'automatiser des processus manuels, réduisant ainsi les erreurs humaines et augmentant la productivité. Les systèmes automatisés peuvent varier des logiciels de gestion de la chaîne d'approvisionnement aux robots dans les usines.

Par exemple, Amazon utilise des technologies de pointe pour gérer ses entrepôts. Grâce à des systèmes robotisés et des logiciels d'intelligence artificielle, Amazon peut gérer d'énormes volumes de commandes avec une précision quasi parfaite. Les robots aident à transporter les marchandises, tandis que les algorithmes d'IA optimisent les itinéraires de livraison et gèrent les inventaires. Cette automatisation a permis à Amazon de devenir un leader important dans le monde de la logistique.

Une gestion efficace des opérations repose aussi sur une équipe compétente. Une équipe qui comprend les objectifs de l'entreprise et possède les compétences techniques pour gérer les opérations est essentielle pour assurer le bon déroulement des processus. La formation continue, le développement des compétences et l'engagement des employés dans l'amélioration des processus sont des éléments cruciaux pour maintenir une efficacité opérationnelle.

Chez GE Aviation, un programme de formation continue pour ses employés a était mis en place. L'entreprise investit dans la formation technique et managériale de ses équipes afin de s'assurer que ses processus de fabrication et de maintenance restent parmi les meilleurs de l'industrie. En formant constamment ses employés, GE s'assure non seulement que ses opérations restent efficaces, mais aussi que ses produits restent de la plus haute qualité.

La gestion efficace des opérations est l'épine dorsale de la réussite de toute entreprise. Que ce soit en optimisant les processus, en automatisant les tâches, en surmontant les goulots d'étranglement ou en formant une équipe compétente, chaque aspect des opérations doit être soigneusement pensé et amélioré. L'efficacité dans les opérations permet non seulement de réduire les coûts, mais aussi de fournir des produits et services de meilleure qualité aux clients, renforçant ainsi la compétitivité et la durabilité de l'entreprise.

En vous rappelant les paroles de Booker T. Washington, "Le chemin de la réussite est pavé de persévérance et de travail acharné", il est donc important de comprendre que la réussite entrepreneurial ne repose pas uniquement sur les grandes idées ou les stratégies marketing audacieuses, mais aussi sur l'attention méticuleuse portée aux détails des opérations quotidiennes.

CHAPITRE 4
Marketing et Ventes

> "La clé de la réussite est de se concentrer sur des objectifs, pas sur des obstacles."
>
> **William C. Durant**

Dans un marché de plus en plus compétitif, attirer et fidéliser des clients est à la fois un art et une science. Les entrepreneurs doivent constamment ajuster leur stratégie pour capter l'attention de leur public cible, tout en renforçant la relation avec les clients existants. Cela nécessite une compréhension approfondie des comportements des consommateurs et la capacité de répondre rapidement aux changements.

La première étape consiste à définir clairement votre client idéal. Qui sont-ils ? Quels problèmes cherchent-ils à résoudre ? Quels sont leurs désirs, motivations et contraintes ? Plus vous comprenez votre audience, plus vous serez capable d'aligner votre offre avec leurs besoins spécifiques. Une erreur courante des entrepreneurs est de croire que tout le monde est leur client potentiel, alors qu'en réalité, la réussite vient souvent d'une segmentation précise et d'une attention ciblée.

Pour illustrer ce point, prenons l'exemple d'une marque de produits cosmétiques naturels. Au lieu de cibler l'ensemble des consommateurs de produits de beauté, cette marque choisit de s'adresser spécifiquement à des clients soucieux de la durabilité et de l'environnement. En ajustant son message, elle peut non seulement attirer un public plus engagé, mais aussi développer une fidélité plus forte, car ses valeurs sont alignées avec celles de ses clients.

Une fois que vous avez identifié votre client idéal, le défi suivant est de maintenir leur intérêt. La fidélisation des clients coûte souvent moins cher que l'acquisition de nouveaux, mais elle nécessite des efforts constants. Offrir un service de qualité, établir une relation de confiance, et continuer à innover sont des éléments essentiels pour que vos clients restent engagés sur le long terme.

Pour réussir en marketing, il est impératif de mesurer le retour sur investissement (R.S.I). Trop d'entrepreneurs dépensent dans des campagnes publicitaires ou des initiatives sans avoir une vision claire de leur rentabilité. Chaque euro dépensé doit générer une valeur mesurable pour l'entreprise.

Le Retour sur investissement permet de savoir quelles initiatives apportent réellement de la valeur et lesquelles nécessitent des ajustements ou des coupures. Cela pourrait inclure l'analyse des ventes générées par une campagne spécifique, le coût d'acquisition client, ou encore le suivi des interactions sur les réseaux sociaux. Grâce aux outils de suivi modernes comme Google Analytics, les entrepreneurs peuvent désormais accéder à des données précises pour chaque campagne, leur permettant d'optimiser continuellement leur stratégie.

Une méthode efficace est de mettre en place des indicateurs clés de performance (I.C.P). Par exemple, si vous lancez une campagne d'e-mail marketing, vous pouvez suivre des I.C.P tels que le taux d'ouverture des e-mails, le taux de clics et le taux de conversion. Ces données vous permettront d'ajuster le contenu de vos e-mails, la fréquence d'envoi, et même de segmenter vos listes de diffusion pour obtenir de meilleurs résultats.

Le monde du marketing évolue à une vitesse vertigineuse, en particulier avec l'avènement des technologies numériques. Ce qui fonctionnait il y a cinq ans peut être obsolète aujourd'hui. Par conséquent, les entrepreneurs doivent se montrer agiles et prêts à ajuster leur stratégie à tout moment. Les comportements des consommateurs changent rapidement, influencés par de nombreux facteurs : crises économiques, tendances sociales, avancées technologiques, et bien plus encore.

Par exemple, la montée en puissance des réseaux sociaux a radicalement modifié la façon dont les consommateurs découvrent et interagissent avec les marques. Il est donc crucial de surveiller ces tendances et de comprendre comment elles influencent le parcours client. Une entreprise qui s'appuie uniquement sur des méthodes traditionnelles de marketing pourrait rapidement se retrouver dépassée par ses concurrents plus dynamiques et réactifs.

La marque Nike, a su adapter sa stratégie au fil des ans. Plutôt que de se concentrer uniquement sur la publicité télévisée, la marque c'est rapidement familiariser aux nouvelles plateformes digitales, comme Instagram et YouTube, pour engager les jeunes consommateurs. Elle a également mis en place des initiatives autour du marketing d'influence, en collaborant avec des athlètes et des personnalités qui incarnent les valeurs de la marque. Résultat ? Nike continue de dominer le marché des articles de sport en s'adaptant constamment aux nouvelles réalités du marché.

Une stratégie marketing efficace repose également sur le choix des canaux appropriés pour atteindre vos clients. Il est tentant de vouloir être présent partout, mais cela peut rapidement diluer vos efforts et vos ressources. Il est essentiel de se concentrer sur les canaux qui génèrent le plus de valeur pour votre entreprise. Chaque entreprise doit évaluer les canaux en fonction de ses objectifs spécifiques et de son audience cible.

Par exemple, une entreprise B2B pourrait trouver que LinkedIn et les webinaires sont des canaux très efficaces pour générer des prospects, tandis qu'une marque de mode pourrait obtenir de meilleurs résultats en investissant dans Instagram, TikTok, ou même des partenariats avec des influenceurs. La clé réside dans l'expérimentation : il est souvent nécessaire de tester plusieurs approches pour voir celles qui apportent le meilleur retour sur investissement.

En outre, la communication cross-canal est devenue une tendance incontournable. L'idée est d'offrir une expérience cohérente à travers différents points de contact. Si un client découvre votre marque sur Instagram, interagit avec une publicité Facebook, puis passe une commande via votre site web, l'expérience doit être harmonieuse et fluide. En offrant une continuité dans vos messages et interactions, vous améliorez l'engagement et la rétention des clients.

Par exemple, une start-up vendant des produits écologiques. Elle pourrait concentrer ses efforts marketing sur Instagram pour sensibiliser une jeune audience et utiliser ensuite des campagnes par e-mail pour offrir des promotions personnalisées aux visiteurs de son site web. En unissant ces canaux sous une même vision, la start-up peut non seulement attirer des clients, mais aussi convertir ces prospects en acheteurs fidèles.

En matière de ventes, il est primordial de comprendre que l'acte d'achat est le résultat d'une série d'interactions positives entre le client et la marque. Transformer un prospect en client, puis en ambassadeur de la marque, exige des efforts constants en matière de service, de suivi et d'expérience utilisateur. La personnalisation joue ici un rôle crucial.

L'ère du marketing de masse a évolué vers une demande

croissante de personnalisation. Les consommateurs attendent des expériences qui leur parlent directement, adaptées à leurs préférences individuelles. Utiliser les données clients pour mieux segmenter et personnaliser les offres peut être un atout concurrentiel important. Les entreprises qui investissent dans cette approche voient souvent des taux de conversion plus élevés et une fidélité accrue.

Par exemple, Amazon excelle dans la personnalisation des recommandations de produits en fonction de l'historique de navigation et d'achat des utilisateurs. Ce type de personnalisation permet de maximiser les opportunités de vente croisée (cross-sell) ou de montée en gamme (upsell). Les entreprises qui adoptent des stratégies similaires peuvent non seulement augmenter leurs ventes, mais aussi améliorer l'expérience client.

Un autre élément clé de la fidélisation est de créer un lien émotionnel avec vos clients. Cela peut se faire à travers des valeurs partagées, une histoire de marque authentique, ou encore un service client exceptionnel. Offrir des programmes de fidélité, des remises pour les clients récurrents, ou simplement un suivi post-achat attentif peut faire une grande différence dans la rétention des clients à long terme.

Le paysage des ventes a radicalement changé au cours des dernières décennies. Les ventes en ligne, les réseaux sociaux, et l'évolution des attentes des consommateurs ont poussé les entreprises à innover constamment dans leurs approches de vente. Aujourd'hui, un entrepreneur doit être prêt à se confronter à des clients plus informés et exigeants. Il est donc essentiel de former ses équipes de vente à ces nouvelles réalités et d'adopter des outils qui facilitent la relation avec les clients.

De plus, les cycles de vente peuvent varier en fonction du secteur. Certaines entreprises, en particulier dans le domaine du B2B, ont des cycles de vente longs et complexes, nécessitant une approche stratégique pour maintenir l'intérêt du prospect à chaque étape. Cela pourrait inclure des démonstrations de produits, des appels de suivi personnalisés, ou même l'envoi de contenu informatif et pertinent tout au long du processus de prise de décision.

Pour maintenir cet engagement, la clé est de rester proactif. Être à l'écoute des signaux des prospects, anticiper leurs besoins, et leur offrir des solutions avant même qu'ils n'en fassent la demande. De plus, utiliser des systèmes de gestion de la relation client performants permet de suivre chaque interaction, de conserver l'historique, et de personnaliser les prochaines étapes.

Une stratégie marketing, aussi innovante ou créative soit-elle, doit prouver son efficacité en termes de résultats tangibles. C'est ici qu'entre en jeu la notion de retour sur investissement (R.S.I). Grâce au R.S.I on mesure la rentabilité des actions marketing en comparant les coûts investis dans une campagne avec les bénéfices générés. Pour les entrepreneurs, comprendre et maîtriser cet indicateur est essentiel pour maximiser les profits après avoir évaluer ce qui fonctionne dans leur stratégie marketing.

Chaque canal ou initiative marketing doit être accompagné d'un suivi analytique rigoureux. L'analyse des données, lorsqu'elle est bien faite, peut révéler des tendances cachées, des segments de marché sous-exploités, ou même des inefficacités dans l'allocation des ressources marketing. Par exemple, une entreprise qui investit dans une campagne publicitaire sur Facebook Ads pourrait comparer le coût total de la campagne aux revenus générés par les clients qui ont interagi avec cette publicité. Si la campagne génère un retour sur investissement positif, cela justifie de continuer à investir dans ce canal. Si, en revanche, le retour sur investissement est négatif, cela pourrait indiquer qu'un ajustement ou un changement de stratégie est nécessaire.

Le suivi des métriques est également important pour mesurer le taux de conversion (c'est-à-dire le pourcentage de prospects qui deviennent des clients), le coût d'acquisition client (CAC), et la valeur à vie du client (VVC). Ces indicateurs clés permettent aux entrepreneurs d'ajuster leurs campagnes en temps réel, d'optimiser les budgets et de maximiser l'impact de chaque dollar dépensé.

Cependant, le RSI ne se limite pas toujours à des chiffres immédiats. Certaines initiatives, comme le branding ou la création de contenu à valeur ajoutée, peuvent prendre du temps avant de montrer des résultats. Il est donc crucial de distinguer entre les stratégies à court et à long terme, en évaluant l'impact des deux sur la croissance globale de l'entreprise.

Dans un monde où les préférences et les comportements des consommateurs évoluent constamment, les entrepreneurs visionnaires doivent être capables de s'adapter rapidement. Ce qui fonctionne aujourd'hui peut devenir obsolète demain. C'est pourquoi il est essentiel d'être à l'écoute du marché et des tendances émergentes, afin de ne pas être pris au dépourvu.

Les données et la technologie offrent une fenêtre sur ces changements. L'analyse des comportements des consommateurs sur votre site web, les interactions sur les réseaux sociaux, ou encore les tendances de recherche sur Google peuvent indiquer des changements dans les préférences des clients. Ces informations permettent d'ajuster rapidement les offres, de modifier les messages marketing ou de lancer de nouveaux produits en phase avec les besoins émergents.

Prenons l'exemple de l'essor du commerce mobile. Au cours des dernières années, les achats via smartphones et tablettes ont connu une croissance exponentielle. Une entreprise qui ne tient pas compte de cette tendance pourrait perdre une part importante de son marché. Adapter son site web pour qu'il soit convivial sur mobile, ou même développer une application dédiée, peut être un facteur clé pour maintenir l'engagement des consommateurs et les convertir en acheteurs.

De plus, les changements dans la manière dont les consommateurs perçoivent les marques jouent également un rôle important. Les nouvelles générations, en particulier, accordent de plus en plus d'importance aux valeurs éthiques, à la durabilité, et à la transparence des entreprises. Les entrepreneurs doivent être prêts à intégrer ces valeurs dans leur marketing et leurs pratiques commerciales pour se démarquer dans un marché de plus en plus compétitif.

Enfin, un outil souvent sous-estimé mais extrêmement puissant en marketing est la narration. Raconter une histoire engageante et authentique peut créer un lien émotionnel profond avec vos clients. Plutôt que de simplement vendre un produit ou un service, une entreprise peut se positionner comme un acteur essentiel dans la vie de ses clients, en partageant des histoires qui résonnent avec leurs valeurs et leurs aspirations.

L'histoire que vous racontez doit être en phase avec l'identité de votre marque. Si vous proposez des produits éco-responsables, par exemple, partager les défis rencontrés pour rendre votre chaîne d'approvisionnement plus durable peut renforcer la connexion avec vos clients.

De grandes marques comme Apple, Nike ou Tesla ont parfaitement compris l'art de la narration. Ils ne vendent pas seulement des produits, mais une vision. Acheter un iPhone, c'est entrer dans l'univers d'Apple, avec ses promesses d'innovation et de créativité. Acheter une paire de chaussures Nike, c'est se rapprocher de l'esprit de dépassement de soi que la marque incarne.

Les petites entreprises peuvent également tirer parti de la narration, notamment en partageant leur parcours entrepreneurial. Raconter comment l'entreprise a été fondée, les obstacles surmontés, et les réussites remportés peut inspirer les clients et les amener à soutenir une marque qu'ils perçoivent comme authentique et proche de leurs propres idéaux.

CHAPITRE 5
Finances et Fonds

"Il n'y a rien de plus dangereux que de s'engager dans des affaires sans savoir ce que l'on fait."

Benjamin Franklin

La gestion financière constitue un fondement essentiel de la réussite entrepreneurial. La compréhension des flux de trésorerie, des stratégies d'investissement, et des risques financiers est cruciale pour bâtir une entreprise prospère. A travers ce cinquième chapitre, nous explorerons en profondeur ces aspects clés en nous inspirant des meilleures pratiques et des exemples historiques.

La gestion financière commence par une compréhension claire des termes et concepts de base. Chaque entrepreneur doit maîtriser les notions suivantes :

• Bilan : Un bilan est un état financier qui présente la situation financière d'une entreprise à un moment donné. Il indique les actifs, les passifs et les capitaux propres, permettant aux entrepreneurs d'évaluer leur patrimoine net. • Compte de résultat : Ce document présente les revenus et les dépenses sur une période donnée, permettant d'évaluer la rentabilité de l'entreprise. Un compte de résultat détaillé aide à identifier les sources de revenus et à contrôler les dépenses.

• Flux de trésorerie : Le suivi des flux de trésorerie est crucial pour assurer la liquidité de l'entreprise. Cela implique l'analyse des entrées et sorties de fonds pour garantir que l'entreprise peut faire face à ses obligations financières.

La première étape pour tout entrepreneur consiste à établir une comptabilité rigoureuse et à utiliser des logiciels de gestion financière pour suivre ces indicateurs. Cela permet non seulement de respecter les obligations fiscales, mais aussi de prendre des décisions éclairées.

Un budget bien élaboré est la pierre angulaire d'une gestion financière. Il sert de plan pour allouer les ressources de manière stratégique. Voici quelques étapes pour créer un budget efficace :

1. Identification des dépenses : Catégoriser toutes les dépenses de l'entreprise (fixes et variables) afin d'avoir une vue d'ensemble des coûts.

2. Prévisions des revenus : Estimer les revenus futurs en se basant sur les performances passées et les tendances du marché. Cela inclut la prise en compte de la saisonnalité et des fluctuations économiques.

3. Marge de sécurité : Inclure une marge de sécurité dans le budget pour faire face aux imprévus et éviter des

situations de crise financière.

4. Suivi régulier : Le budget doit être un document vivant, revu régulièrement pour s'ajuster aux réalités économiques et aux performances de l'entreprise. Cela permet de réagir rapidement aux écarts.

Les entrepreneurs doivent être prudents dans leurs décisions d'investissement. J.P. Morgan, par exemple, était connu pour sa diligence dans l'évaluation des opportunités d'investissement. Voici quelques stratégies d'investissement à considérer :

• Diversification : Ne pas mettre tous ses œufs dans le même panier. Diversifier les investissements permet de réduire les risques.

• Recherche approfondie : Avant d'investir, il est crucial de faire des recherches détaillées sur les entreprises ou les secteurs. Comprendre le marché et les tendances peut faire la différence entre la réussite et l'échec.

• Investissements à long terme : Privilégier des investissements qui peuvent générer des revenus sur le long terme plutôt que de chercher des gains rapides.

La gestion des flux de trésorerie est essentielle pour maintenir la santé financière d'une entreprise. Voici quelques pratiques clés :

1. Prévisions de trésorerie : Établir des prévisions de trésorerie mensuelles pour anticiper les besoins financiers. Cela permet d'éviter des surprises désagréables.

2. Gestion des créances : Mettre en place des politiques de crédit claires pour s'assurer que les clients paient à

temps. Cela inclut l'envoi de rappels et la mise en place de réductions pour paiements anticipés.

3. La réduction des coûts : Identifier les domaines où il est possible de réduire les coûts sans compromettre la qualité. Cela peut inclure la négociation avec les fournisseurs ou l'optimisation des processus internes.

Enfin, l'analyse financière est indispensable pour prendre des décisions avisées. Les entrepreneurs doivent toujours utiliser des indicateurs clés de performance (I.C.P) pour évaluer leur situation financière. Voici quelques I.C.P essentiels à suivre :

• Taux de rentabilité : Mesurer la rentabilité en fonction des investissements réalisés. Cela permet d'évaluer l'efficacité des stratégies mises en place.

• Ratio de liquidité : Évaluer la capacité de l'entreprise à faire face à ses obligations à court terme. Cela aide à identifier des problèmes potentiels avant qu'ils ne deviennent critiques.

• Analyse des tendances : Observer les tendances financières sur plusieurs périodes pour anticiper l'évolution de l'entreprise.

La gestion financière prudente, inspirée par des figures comme J.P. Morgan, permettait de garantir la réussite entrepreneurial. En posant les bonnes questions et en mettant en œuvre des stratégies efficaces, les entrepreneurs visionnaires peuvent naviguer avec grande réussite dans le monde des affaires.

CHAPITRE 6
Leadership et Équipe

> "Je veux être moi-même, et non me conformer à ce que l'on attend de moi."

Harriet Tubman

En affaires, le leadership joue un rôle crucial dans la création d'une équipe performante. Un bon leader inspire non seulement par ses compétence et sa vision, mais aussi par son authenticité. Harriet Tubman, figure emblématique de la lutte pour les droits civiques, incarne cette qualité. Son affirmation de vouloir être elle-même, plutôt que de se conformer aux attentes des autres, nous rappelle que l'authenticité est une force.

Les leaders qui encouragent leurs équipes à accepter leur authenticité cultivent un environnement de travail où les employés se sentent valorisés et respectés. Cela crée une culture d'ouverture et de collaboration, essentielle à l'innovation et à la performance. En étant eux-mêmes, les membres de l'équipe sont plus susceptibles de partager leurs idées, d'assumer des responsabilités et de contribuer a la réussite collectif.

Un leader visionnaire comprend l'importance du recrutement dans la construction d'une équipe solide. Choisir les bonnes personnes pour le bon poste est essentiel, mais il est tout aussi crucial de rechercher des individus qui partagent les valeurs de l'organisation. Lors du processus de recrutement, les leaders doivent poser des questions qui permettent aux candidats d'exprimer leur authenticité et leur passion. Cela garantit que chaque membre de l'équipe contribue de manière unique à la mission collective.

À une époque où le travail à distance devient la norme, les leaders doivent adapter leurs méthodes de gestion. Maintenir la motivation des employés à distance nécessite une communication claire et régulière. Les leaders doivent créer des opportunités pour que les membres de l'équipe se connectent, partagent leurs réussites et abordent ensemble les défis. En cultivant une culture de confiance et de transparence, ils permettent à chacun de s'exprimer librement, sans crainte de jugement.

L'exemple de Harriet Tubman illustre également l'importance de l'empathie dans le leadership. Elle a guidé des centaines de personnes vers la liberté, en écoutant leurs besoins et en les soutenant dans leurs luttes. De même, un leader visionnaire doit être à l'écoute des membres de son équipe, comprendre leurs défis et les encourager à surmonter les obstacles.

La performance d'une équipe repose sur la diversité des talents et des idées. Les leaders doivent favoriser un environnement où chacun se sent à l'aise d'apporter sa contribution. En intégrant différentes perspectives, ils stimulent l'innovation et la créativité. Cela peut également impliquer la formation continue et le développement professionnel pour aider chaque membre à atteindre son plein potentiel.

En outre, un leadership efficace repose sur la capacité à inspirer et à motiver, tout en permettant à chaque individu de rester fidèle à lui-même. En suivant l'exemple des leaders comme Harriet Tubman, chaque manager peut guider son équipe vers une réussite authentique, où chacun contribue de manière significative et se sent fier de faire partie de l'organisation.

Un autre aspect essentiel du leadership est la gestion des performances. Évaluer le rendement de chaque membre de l'équipe permet non seulement d'identifier les domaines d'amélioration, mais également de reconnaître les contributions exceptionnelles. Une reconnaissance régulière, qu'elle soit formelle ou informelle, motive les employés et renforce leur engagement envers l'entreprise.

Les leaders visionnaires ont toujours su reconnaître les forces des personnes qu'elle guidait. Ils comprennent que chaque individu a un rôle unique à jouer dans leur quête de réussite collective. En célébrant les petites victoires et en reconnaissant les effort de chacun, les leaders peuvent construire un sentiment d'appartenance au sein de leur équipe. Pour qu'une équipe soit performante, il est crucial de favoriser la collaboration. Les leaders doivent créer des opportunités pour que les membres de l'équipe travaillent ensemble sur des projets et des initiatives. Cela non seulement renforce les relations interpersonnelles, mais encourage également un échange d'idées qui peut mener à des solutions innovantes.

Des activités de renforcement d'équipe, telles que des ateliers ou des retraites, peuvent également aider à établir des liens plus forts entre les membres. Ces expériences partagées permettent à chacun de mieux comprendre ses collègues, d'apprendre à travailler ensemble et de s'aligner sur des objectifs communs.

Les conflits sont inévitables dans toute équipe, mais la manière dont un leader les gère peut faire toute la différence. Plutôt que d'ignorer les tensions ou de prendre parti, un bon leader doit aborder les conflits de manière constructive. Cela signifie écouter toutes les parties impliquées, comprendre leurs perspectives et travailler à trouver des solutions qui profitent à tous.

La gestion des conflits est également une opportunité d'apprentissage. En abordant les problèmes de manière ouverte, les leaders montrent à leur équipe comment résoudre les différends de manière saine, renforçant ainsi les compétences en communication et en résolution de problèmes au sein de l'équipe.

La culture d'entreprise est un reflet direct du leadership. Un leader doit être conscient des valeurs et des comportements qu'il promeut, car ceux-ci influencent directement l'engagement des employés. En incarnant les valeurs de l'entreprise et en montrant l'exemple, les leaders peuvent établir un environnement où chacun se sent responsabilisé et engagé.

Un fort sentiment d'appartenance est essentiel pour que les employés se sentent motivés à donner le meilleur d'eux-mêmes. Les leaders peuvent encourager cette culture d'engagement en créant des canaux de communication ouverts, en sollicitant régulièrement des retours d'information et en montrant qu'ils valorisent les contributions de chaque membre de l'équipe.

Un bon leader sait également qu'il ne doit pas seulement se concentrer sur les résultats d'équipe, mais aussi sur le développement personnel de chaque membre. Cela implique d'offrir des opportunités de formation, de mentorat et de coaching. En investissant dans le développement professionnel des employés, les leaders s'assurent que chacun a les outils nécessaires pour réussir et grandir au sein de l'organisation.

La croissance personnelle est essentielle pour maintenir un personnel engagé et motivé. Les employés qui se sentent soutenus dans leur développement sont plus susceptibles de rester fidèles à l'entreprise et de contribuer à sa réussite.

CHAPITRE 7
Technologie et Transformation Digitale

> "La technologie devrait améliorer
> la vie humaine, non la remplacer."

Dave Waters

Aujourd'hui, la technologie joue un rôle crucial dans l'efficacité et la compétitivité des entreprises. L'intégration des outils technologiques permet non seulement d'améliorer les processus, mais aussi de réduire les coûts et de maximiser les ressources. Pourtant, comprendre comment tirer parti de la technologie sans perdre de vue les aspects humains est une compétence critique pour tout entrepreneur.

De la gestion des données à l'automatisation des tâches, l'ère numérique a introduit des solutions inédites pour simplifier les opérations. Toutefois, toutes les technologies ne sont pas adaptées à toutes les entreprises. Ici nous allons explore comment identifier, intégrer, et optimiser les outils technologiques pour améliorer l'efficacité tout en maintenant l'équilibre humain au cœur de votre stratégie d'affaires.

Le choix des bons outils technologiques est la première étape pour garantir l'efficacité dans une entreprise. Le marché regorge de solutions et d'innovations, allant des gestions de la relation client aux gestion des ressources d'entreprise, sans parler des outils collaboratifs. Mais comment savoir quels outils adopter ?

Il est crucial de comprendre vos besoins spécifiques avant d'investir dans une nouvelle technologie. Par exemple, si votre entreprise lutte avec la gestion des stocks ou des ressources humaines, une solution GRE (gestion des ressources d'entreprise) comme des plateforme de gestion des stocks. De même, des plateformes comme Slack ou Microsoft Teams peuvent améliorer la communication au sein de votre équipe, particulièrement dans un environnement de travail à distance.

Lorsque vous choisissez une technologie, pensez à son évolutivité. Les solutions doivent s'adapter à la croissance de votre entreprise, sans nécessiter une révision constante de vos systèmes. Prenons l'exemple d'Amazon, qui a investi massivement dans l'automatisation et les technologies logistiques pour rester compétitif tout en gérant des millions de commandes par jour.

L'un des plus grands atouts de la technologie est l'automatisation. Automatiser les tâches répétitives permet à votre équipe de se concentrer sur des tâches à plus haute valeur ajoutée. Des processus tels que la facturation, la gestion des paiements, ou encore le suivi des prospects peuvent être pris en charge par des logiciels d'automatisation, économisant ainsi des centaines d'heures de travail manuel.

L'automatisation permet aussi de réduire les erreurs humaines, améliorant ainsi la précision des opérations. Par exemple, des entreprises comme Uber en automatisant leurs processus de paiement et de gestion des chauffeurs, ils réduisant les marges d'erreur tout en permettant une gestion plus fluide et plus rapide des transactions.

Cependant, l'automatisation ne doit pas remplacer le jugement humain. Elle doit plutôt être un soutien pour optimiser les processus et non pour déshumaniser les interactions avec les clients ou employés. L'équilibre entre technologie et relations humaines reste un facteur clé de réussite.

À l'ère numérique, la cybersécurité est devenue une priorité incontournable pour toute entreprise. Les violations de données peuvent non seulement compromettre la sécurité des informations sensibles, mais elles peuvent également nuire à la réputation d'une entreprise et entraîner des pertes financières considérables. Par conséquent, il est impératif d'intégrer des mesures de cybersécurité robustes dès le début.

La première étape consiste à effectuer une évaluation des risques pour identifier les vulnérabilités de votre système. Utilisez des outils de sécurité informatique pour surveiller et protéger vos données, tels que les pare-feu, les logiciels antivirus, et les systèmes de détection d'intrusion. De plus, la formation des employés sur les bonnes pratiques de sécurité est essentielle. Ils doivent être conscients des menaces potentielles, comme le phishing, et savoir comment réagir en cas de soupçon d'attaque.

Les entreprises comme Target et Equifax ont souffert de violations de données majeures, ce qui a eu un impact sévère sur leur réputation. En investissant dans des mesures de sécurité appropriées, les entreprises peuvent éviter ces catastrophes et assurer la confiance de leurs clients. Cela contribue à une culture d'entreprise où la sécurité des données est valorisée, renforçant ainsi la réputation et la fiabilité de la marque.

Le monde de la technologie évolue à une vitesse fulgurante. Il est donc essentiel de suivre les tendances émergentes et d'être prêt à adopter des innovations qui peuvent offrir un avantage concurrentiel. Cela signifie être attentif aux nouvelles technologies, comme l'intelligence artificielle, l'analyse de données, et l'Internet des objets (IoT).

Les entreprises doivent régulièrement évaluer leur stratégie technologique. Participer à des conférences, lire des publications spécialisées, et s'engager dans des réseaux professionnels sont autant de moyens efficaces pour rester informé. Par exemple, les géants de la technologie comme Google et Apple investissent massivement dans la recherche et le développement, leur permettant de rester à la pointe de l'innovation.

L'adoption de nouvelles technologies doit cependant être réalisée de manière stratégique. Par exemple, l'intégration de l'intelligence artificielle dans le service client peut transformer l'expérience utilisateur, mais cela nécessite également une planification pour s'assurer que l'implémentation se déroule sans heurts. En évaluant soigneusement les besoins et les impacts de chaque nouvelle technologie, les entreprises peuvent éviter des erreurs coûteuses et maximiser leur retour sur investissement.

L'intelligence artificielle et l'apprentissage automatique transforment le paysage des affaires. Ces technologies permettent aux entreprises d'analyser des volumes massifs de données, d'identifier des tendances et d'optimiser les processus de décision. Par exemple, les entreprises de e-commerce utilisent des algorithmes d'IA pour personnaliser l'expérience d'achat, ce qui peut considérablement augmenter les taux de conversion.

L'IA peut également améliorer l'efficacité opérationnelle. Par exemple, des outils d'automatisation alimentés par l'IA peuvent gérer des tâches telles que la prévision de la demande ou la gestion des stocks, permettant ainsi aux entreprises de fonctionner plus efficacement. Toutefois, il est essentiel de s'assurer que ces technologies sont mises en œuvre avec une approche éthique, en tenant compte de l'impact sur l'emploi et sur la prise de décision humaine.

Les entreprises doivent également être prêtes à investir dans la formation de leurs employés pour tirer pleinement parti des nouvelles technologies. L'éducation continue et le développement des compétences sont essentiels pour s'assurer que les emplois sont capables de travailler avec des outils avancés et de comprendre les implications de l'IA dans leur domaine.

CHAPITRE 8
Innovation et Recherche et Développement

> L'imagination est plus importante que la connaissance."
>
> **Albert Einstein**

Comme nous le savons tous, l'innovation est le moteur de la croissance économique et du développement durable. Dans un monde en constante évolution, où les technologies progressent à un rythme exponentiel, les entreprises doivent adopter une mentalité d'innovation pour rester compétitives. Qu'est-ce que l'innovation ? Il s'agit d'un processus par lequel des idées nouvelles, des produits ou des services sont développés et mis sur le marché. Les entreprises qui réussissent sont celles qui comprennent que l'innovation ne se limite pas à la création de nouveaux produits, mais englobe également l'amélioration des processus existants et la recherche de solutions créatives aux problèmes des consommateurs.

Partie 1 : Les types d'innovation peuvent être classés en plusieurs catégories :

1. **Innovation de produit** : Cela implique le développement de nouveaux produits ou l'amélioration de produits existants. Prenons l'exemple de la société Tesla, qui a révolutionné l'industrie automobile avec ses voitures électriques. Leur innovation ne réside pas seulement dans la technologie des batteries, mais également dans l'expérience utilisateur et les systèmes de conduite autonome.

2. **Innovation de service** : Cette forme d'innovation porte sur l'amélioration des services offerts aux clients. Des entreprises comme Airbnb ont redéfini le secteur de l'hébergement en proposant une plateforme qui met en relation des voyageurs avec des hôtes, transformant ainsi l'expérience de voyage traditionnelle.

3. **Innovation de processus** : Cela concerne l'optimisation des méthodes de production ou de livraison. Les entreprises qui intègrent des technologies comme l'automatisation ou l'intelligence artificielle dans leurs processus d'affaires, comme Amazon avec sa logistique avancée, en tirent des avantages concurrentiels significatifs.

En somme, l'innovation est essentielle pour répondre aux besoins en constante évolution des consommateurs et pour se différencier sur le marché. La capacité à innover est ce qui permet à une entreprise de prospérer dans un environnement commercial dynamique.

Partie 2 : Recherche et développement : Le moteur de

l'innovation. La recherche et le développement (R&D) est le processus par lequel les entreprises investissent dans l'innovation. Investir en R&D est crucial pour créer de nouveaux produits et améliorer ceux existants. Une entreprise qui néglige la R&D court le risque de stagner et de perdre des parts de marché au profit de concurrents plus innovants.

Prenons l'exemple d'Apple, qui consacre une part significative de ses revenus à la R&D. Ce niveau d'investissement lui permet non seulement de développer de nouveaux produits, comme l'iPhone et l'Apple Watch, mais aussi d'améliorer constamment son écosystème existant, comme le système d'exploitation iOS. Grâce à ces efforts, Apple a réussi à établir une base de clients fidèles, prêts à adopter ses nouvelles innovations dès leur lancement.

Les entreprises doivent également être prêtes à prendre des risques calculés en matière de Recherche et Développement. L'échec fait partie intégrante du processus d'innovation. Parfois, un produit peut ne pas rencontrer la réussite escompté, mais les leçons tirées de cet échec peuvent mener à des innovations encore plus significatives. Par exemple, le projet de Google Glass a été un échec commercial, mais il a ouvert la voie à d'autres développements dans le domaine de la réalité augmentée.

Pour soutenir la R&D, les entreprises doivent également établir des partenariats stratégiques avec des universités, des centres de recherche ou d'autres entreprises. Ces collaborations peuvent offrir un accès à des ressources supplémentaires et à une expertise qui peuvent accélérer le processus d'innovation. Les entreprises qui adoptent cette approche sont souvent mieux positionnées pour tirer parti des avancées technologiques.

Partie 3 : Encourager la culture d'innovation

Créer un environnement propice à l'innovation est essentiel pour stimuler la créativité au sein d'une entreprise. Les dirigeants doivent encourager leurs équipes à explorer de nouvelles idées et à prendre des initiatives. Une culture d'innovation repose sur la confiance, où les employés se sentent à l'aise de partager leurs idées sans crainte de jugement.

Les entreprises peuvent encourager l'innovation de plusieurs manières :

1. **Encourager la prise de risque** : Les employés doivent se sentir en sécurité pour expérimenter de nouvelles idées. Les entreprises qui adoptent une approche qui valorise l'échec comme une opportunité d'apprentissage favorisent une mentalité d'innovation.

2. **Offrir des ressources** : Fournir aux employés des outils et des ressources pour développer leurs idées peut stimuler l'innovation. Par exemple, certaines entreprises mettent en place des budgets d'innovation ou des programmes de mentora pour aider les employés à concrétiser leurs idées.

3. **Favoriser la collaboration** : Encourager la collaboration entre les différentes équipes peut mener à

des idées novatrices. Les sessions de brainstorming inter-équipes peuvent générer des solutions créatives en combinant diverses perspectives.

4. **Célébrer les réussites** : Reconnaître et récompenser les employés qui contribuent à des projets innovants peut renforcer la motivation et inspirer d'autres à penser de manière créative.

Cultiver un environnement propice à l'innovation, permettait non seulement aux entreprises de générer de nouvelles idées, mais également fidéliser leurs employés, qui se sentent valorisés et engagés.

Partie 4 : Conclusion

À l'ère de l'information et de la technologie, l'innovation , la recherche et développement sont devenues des impératifs pour les entreprises qui souhaitent réussir. L'avenir de l'innovation dépend de la capacité des entreprises à s'adapter et à anticiper les besoins changeants des consommateurs.

Pour les entrepreneurs visionnaires, l'innovation est plus qu'un simple outil ; c'est une philosophie à intégrer dans tous les aspects de l'entreprise. L'imagination, comme l'a dit Albert Einstein, est plus importante que la connaissance, car elle est la clé qui ouvre le portail des nouvelles possibilités.

Les entrepreneurs doivent non seulement investir dans la R&D, mais également encourager une culture d'innovation au sein de leur organisation. En intégrant des stratégies innovantes, ils peuvent créer des produits et services qui répondent aux attentes des clients tout en dépassant la concurrence.

CHAPITRE 9
Équilibre Vie-Travail et Bien-être Personnel

> "Ne laissez jamais quelqu'un vous dire que vous ne pouvez pas faire quelque chose. Si vous avez un rêve, vous devez le protéger."
>
> **Will Smith**
> *(dans À la recherche du bonheur)*

L'équilibre entre la vie professionnelle et la vie personnelle est un enjeu crucial pour les entrepreneurs. Dans un monde où les exigences professionnelles semblent inextinguibles, il est facile de se perdre dans le travail au détriment de son bien-être mentale et physique. L'importance d'un bon équilibre ne peut être sous-estimée : puisqu'il contribue à la productivité, à la créativité et à la satisfaction personnelle. En tant qu'entrepreneur visionnaire, vous devez reconnaître que votre bien-être global est directement lié à votre réussite personnel ou professionnel.

Pour éviter l'épuisement professionnel, il est essentiel d'établir des limites claires. Travailler sans relâche ne mène pas toujours à de meilleurs résultats ; au contraire, cela peut entraîner une baisse de motivation et de performance. En définissant des horaires de travail et en respectant ces horaires, vous vous assurez de disposer de temps pour vous ressourcer. Les pauses régulières permettent de revenir au travail avec un esprit clair et des idées renouvelées. En intégrant des moments de détente dans votre emploi du temps, vous améliorez non seulement votre bien-être, mais vous stimulez également votre créativité et votre capacité à résoudre des problèmes. La gestion du stress est également essentielle pour maintenir cet équilibre. Je vous conseil de lire ces livres Les 4 accords toltèques" de Don Miguel Ruiz: Ce best-seller offre une approche philosophique pour réduire le stress en adoptant des principes simples, comme ne pas prendre les choses personnellement et éviter les suppositions et Méditer jour après jour" de Christophe André.

Les entrepreneurs sont souvent confrontés à des situations stressantes qui peuvent sembler accablantes. Pour gérer ce stress, des pratiques telles que la pleine conscience, la méditation ou le yoga peuvent être d'une grande aide. En prenant quelques minutes chaque jour pour vous concentrer sur le moment présent, vous pouvez réduire votre niveau d'anxiété et améliorer votre concentration. Ma formule secrète contre le stress et que je me répète souvent ces mots en guise de mantra (Équilibre) ou (zenitude). En outre, établir des priorités dans votre travail est une stratégie efficace pour gérer le stress. En classant les tâches par ordre d'urgence et d'importance, vous pouvez mieux contrôler votre charge de travail et éviter de vous sentir submergé.

Rester motivé est un autre aspect fondamental de l'équilibre vie-travail. La motivation peut fluctuer, mais il existe plusieurs stratégies pour la maintenir. L'une des plus efficaces est de se fixer des objectifs clairs et réalisables. Ces objectifs vous donnent une direction et vous permettent de mesurer vos progrès. De plus, en célébrant vos réussites, même les petites, vous renforcez votre motivation. S'entourer de personnes inspirantes est également bénéfique. L'échange d'idées avec d'autres entrepreneurs peut vous redonner de l'énergie et vous inciter à poursuivre vos rêves armés d'une grande volonté.

Investir dans le développement personnel est une autre manière de rester motivé et d'améliorer votre bien-être. En apprenant de nouvelles compétences, en lisant des livres ou en participant à des formations, vous élargissez vos horizons et renforcez votre confiance en vous. Cela vous prépare également à faire face aux défis et aux changements qui surviennent dans le monde des affaires.

La priorisation des tâches joue un rôle clé dans la gestion efficace du temps et la suppression du stress. En adoptant des techniques de gestion du temps, comme la méthode Eisenhower ou la technique Pomodoro, vous pouvez structurer votre journée de manière à optimiser votre efficacité. Ces méthodes permettent de rester concentré sur les tâches importantes tout en évitant la surcharge de travail. Apprendre à dire non lorsque cela est nécessaire est également une compétence précieuse. Les entrepreneurs doivent être conscients de leurs limites et savoir quand il est temps de se retirer pour se ressourcer.

Prendre soin de son bien-être mentale est indispensable pour un entrepreneur. Consacrer du temps à des activités qui favorisent le bien-être global, comme des loisirs, de l'exercice ou des moments de socialisation, est essentiel. Passer du temps en pleine nature, par exemple, peut considérablement améliorer votre humeur et vous aider à vous déconnecter des pressions quotidiennes.

L'équilibre entre vie professionnelle et vie personnelle est un élément clé de la réussite entrepreneurial. En adoptant des stratégies pour gérer le stress, rester motivé et développer vos compétences, vous pouvez améliorer votre productivité et votre bien-être général. Rappelez-vous que la réussite ne se mesure pas seulement en termes de résultats financiers, mais aussi en termes de satisfaction personnelle et de bien-être. Comme la citation de Will Smith nous le rappel, il est crucial de protéger vos rêves et de ne laisser personne vous décourager. En mettant l'accent sur cet équilibre, vous vous donnez les meilleures chances de vous épanouir tant sur le plan professionnel que personnel.

L'équilibre entre vie professionnelle et vie personnelle est une question cruciale pour les entrepreneurs. Trop souvent, la passion pour leur entreprise peut les conduire à sacrifier leur temps personnel, leur santé et leur bien-être. En tant qu'entrepreneur, il est très important de comprendre que votre efficacité ne repose pas uniquement sur le nombre d'heures que vous passez à travailler. Un bon équilibre est essentiel non seulement pour votre propre santé, mais aussi pour la réussite de votre entreprise à long terme.

Tout d'abord, établir un horaire régulier et s'y tenir est un bon point de départ. En créant une routine, vous pouvez mieux gérer votre temps et réduire le stress lié aux imprévus. Cela inclut la définition d'heures de travail claires, ainsi que la planification de temps pour les activités personnelles, que ce soit pour passer du temps en famille, avec des amis, faire du sport ou simplement se détendre. Cette structure vous aide à rester concentré pendant les heures de travail et à profiter pleinement de vos moments de détente.

En plus de l'organisation de votre temps, il est crucial de trouver des stratégies de gestion du stress qui vous conviennent. Chaque entrepreneur est différent, et ce qui fonctionne pour une personne peut ne pas toujours fonctionner pour une autre. Cela peut inclure des pratiques de pleine conscience, de la méditation, de l'exercice régulier, ou même des hobbies qui vous passionnent. L'important est de trouver des moyens qui vous aident à déconnecter et à vous recentrer.

Il est également bénéfique de rester motivé en s'entourant de personnes positives. Votre réseau joue un rôle clé dans votre motivation. Participer à des événements de réseautage, rejoindre des groupes d'entrepreneurs ou même échanger avec des mentors peuvent vous apporter du soutien et de l'inspiration. Ces interactions peuvent non seulement renforcer votre détermination, mais aussi offrir des perspectives nouvelles sur des défis auxquels vous pourriez faire face. Un entrepreneur qui valorise ses accomplissements est plus enclin à faire face à des défis futurs avec une attitude positive.

La priorisation des tâches cette discipline est essentielle pour gérer votre temps efficacement. Une approche efficace consiste à utiliser des outils de gestion du temps qui vous aident à organiser vos tâches selon leur importance et leur urgence. Cette stratégie non seulement augmente votre productivité, mais réduit également le stress associé à des délais serrés. Il est primordial de rester flexible et d'ajuster vos priorités au fur et à mesure que des imprévus se présentent.

L'un des plus grands défis pour les entrepreneurs est de ne pas se laisser submerger par le travail. Puisque cela peut conduire à une fatigue mentale et physique, voire à un burn-out. Pour éviter cela, apprenez à dire non aux projets ou aux tâches qui ne correspondent pas à vos priorités. Cette qualité cultivée vous permet de garder un équilibre sain et d'assurer que vous investissez votre temps dans ce qui compte réellement pour vous.

Le bien-être mentale est une composante souvent négligée du bien-être personnel. Il est impératif de consacrer du temps à des activités qui favorisent votre bien-être global pour le bien de votre entreprise.

Cela peut être aussi simple que de passer du temps avec des amis, de lire un bon livre, ou de pratiquer une activité artistique. Ces moments de déconnexion vous permettent de recharger vos batteries et d'aborder votre travail avec un esprit frais.

En somme, maintenir un équilibre entre la vie professionnelle et la vie personnelle est essentiel pour tout entrepreneur visionnaire. Cela nécessite une attention constante et une volonté de prioriser non seulement votre travail, mais aussi votre santé. En cultivant cet équilibre, vous vous positionnez non seulement pour réussir dans votre entreprise, mais aussi pour mener une vie épanouissante et satisfaisante.

L'équilibre entre vie professionnelle et vie personnelle est un concept essentiel que chaque entrepreneur doit prendre en compte. Dans un environnement d'affaires dynamique et compétitif, il peut être facile de se laisser emporter par les exigences professionnelles. Pourtant, il est crucial de se rappeler que la réussite ne se limite pas uniquement à la performance au travail, mais englobe également le bien-être physique et mentale.

Pour établir cet équilibre, il est primordial de développer une routine quotidienne. Cette routine je le rappel, doit inclure des horaires de travail, mais également des moments dédiés à la détente et aux activités personnelles . La mise en place de limites claires entre le travail et la vie personnelle permet d'éviter l'épuisement et de maintenir une productivité constante. Un entrepreneur qui sait quand s'arrêter pour se reposer est mieux préparé à faire face a des grands défis futurs.

En parcourant ces chapitres, vous avez exploré des piliers essentiels pour bâtir une entreprise durable et prospère. Chaque étape, chaque stratégie, et chaque principe abordé dans cet ouvrage sont les fondations sur lesquelles repose le parcours de tout entrepreneur visionnaire. Ces leçons, fruits de réflexion et de connaissances, s'adressent à ceux qui osent rêver grand et agir en conséquence.

À présent, il est temps de prendre du recul pour évaluer ces acquis et de les transformer en actions concrètes. Avant de conclure, rappelons-nous qu'entreprendre, c'est avant tout un chemin vers la croissance personnelle autant que professionnelle.

CONCLUSION
L'Entrepreneur Visionnaire

> Le succès n'est pas la clé du bonheur. Le bonheur est la clé du succès. Si vous aimez ce que vous faites, vous réussirez.
> **Albert Schweitzer**

L'entrepreneuriat, c'est plus qu'un simple métier. C'est un état d'esprit, une manière de voir et de façonner le monde autour de soi. Sur la voie de L'entrepreneuriat, il est essentiel de se rappeler que chaque défi, chaque échec apparent, n'est en réalité qu'une opportunité déguisée d'apprendre, de grandir et de se rapprocher un peu plus de la réussite.

Si vous avez parcouru ce livre jusqu'ici, vous savez maintenant que le chemin vers la réussite entrepreneuriale n'est jamais linéaire. Il est ponctué de hauts et de bas, de réussite éclatants et de défaites cuisantes. Mais ce qui différencie un entrepreneur visionnaire d'un autre, c'est la capacité à persévérer, à se relever après chaque chute et à réinventer constamment son approche.

Mon propre parcours témoigne de cette réalité. D'une enfance marquée par l'adversité à une grande période où j'étais sans abri, puis emprisonné, j'ai appris que la clé de la réussite ne réside pas uniquement dans la connaissance ou les compétences techniques, mais dans la résilience et la détermination. Ce livre, ainsi que celui que j'ai publié sur la plateforme Amazon ""Les Codes du stoïcisme : Le Livre

Noir & 9 Clés Pour Accéder Au Cercle Des Gagnants", sont le reflet de ce périple – un chemin où chaque obstacle est une occasion de devenir meilleur, plus fort et plus sage.

En tant qu'entrepreneurs ou future entrepreneurs, vous êtes les architectes de votre propre avenir. Vous détenez le pouvoir d'améliorer non seulement votre vie, mais aussi celle des autres à travers vos innovations, vos idées et votre leadership. Le monde de l'entrepreneuriat vous demandera des sacrifices, de la patience et beaucoup de courage, mais il vous offrira aussi des récompenses inestimables : la liberté de créer, de diriger, et d'impacter le monde à votre manière.

Rappelez-vous les mots de Will Smith : "Ne laissez jamais quelqu'un vous dire que vous ne pouvez pas faire quelque chose. Si vous avez un rêve, vous devez le protéger." Cette citation incarne parfaitement l'esprit de ce livre. Vous êtes responsables de vos rêves, et il vous appartient de les nourrir, de les protéger, et de les transformer en réalité, peu importe les obstacles que vous rencontrerez en chemin.

Je vous laisse avec cette pensée : l'entrepreneuriat n'est pas simplement un moyen de gagner sa vie. C'est un engagement envers soi-même, envers sa vision, et envers l'impact que vous souhaitez avoir sur le monde. Et même si vous n'avez pas encore créé d'entreprise, sachez que vous êtes déjà sur le bon chemin, car l'entrepreneuriat commence dans l'esprit avant de se matérialiser dans le monde réel.

Que ce livre vous guide, vous inspire, et vous pousse à être la meilleure version de vous-même. Le monde a besoin de visionnaires optimiste, et vous en faites partie.

Recommandations de quelques Livres pour Approfondir vos connaissances sur le Leadership, la Croissance et l'Entrepreneuriat :

1. "The Lean Startup" de Eric Ries
• Une référence incontournable sur la création et le développement d'une startup avec une approche agile et centrée sur l'apprentissage.
2. "Good to Great" de Jim Collins
• Un guide sur ce qui fait la différence entre une bonne entreprise et une entreprise exceptionnelle.
3. "Zero to One" de Peter Thiel
• Un regard unique sur l'innovation et la manière de construire des entreprises qui créent des choses nouvelles.
4. "The Innovator's Dilemma" de Clayton Christensen
• Un classique sur la manière dont les entreprises peuvent continuer à innover dans des environnements changeants.
5. "Start with Why" de Simon Sinek
• Un livre qui explore l'importance d'avoir un sens profond dans tout ce que l'on entreprend, en commençant par le "pourquoi".
6. "The E-Myth Revisited" de Michael E. Gerber
• Ce livre démonte les mythes de l'entrepreneuriat et propose une méthode pour transformer une petite entreprise en une grande structure performante.

Sites Web et Blogs :
1. Entrepreneur.com

- Un site complet avec des articles, des conseils et des ressources pour les entrepreneurs à tous les stades de leur parcours.

2. Inc.com
- Un site dédié aux startups et aux entreprises en croissance, offrant des conseils sur tout, du financement au leadership.

3. HubSpot Blog
- Des articles sur le marketing, les ventes et le service client, avec un accent particulier sur les stratégies de croissance pour les entreprises.

4. The Startup by Medium
- Un blog sur Medium qui présente des histoires d'entrepreneurs, des conseils pratiques et des réflexions sur l'innovation.

5. Seth Godin's Blog
- Le blog de Seth Godin, un expert en marketing, offre des conseils quotidiens sur la créativité, le leadership et l'entrepreneuriat.

6. Y Combinator Startup Library
- Des ressources gratuites de l'accélérateur Y Combinator pour les entrepreneurs, avec des guides et des vidéos sur la création et la gestion de startups.

7. Harvard Business Review
- Des articles académiques et pratiques sur la gestion d'entreprise, le leadership et l'innovation.

8. Neil Patel Blog
- Un blog axé sur le marketing numérique et la croissance

des entreprises en ligne, avec des conseils pour optimiser le trafic et les conversions.

Ces ressources combinées aux enseignements partagés dans cet ouvrage **"Leadership et Croissance : Le Manuel de l'Entrepreneur Visionnaire"** vous permettront de continuer à enrichir vos compétences et votre savoir entrepreneurial, en vous aidant à devenir non seulement un entrepreneur accompli, mais aussi un leader visionnaire dans un monde en perpétuelle évolution.

À propos de l'auteur :

Rūmī Abdoūlatīf est un auteur passionné par le développement personnel, à la résilience et à la réussite entrepreneuriale. Ayant surmonté des épreuves marquantes, notamment une période de sans-abri et un séjour en prison, il a trouvé dans le stoïcisme et la méditation des outils puissants d'améliorer sa vie.

Son premier ouvrage, publié sur Amazon, Les codes du stoïcisme : Le livre noir & 9 clés pour accéder aux cercles des gagnants, explore les principes fondamentaux du stoïcisme et des stratégies pratiques pour la réussite personnelle et professionnelle.

Avec Leadership et, il souhaite inspirer les entrepreneurs débutants et confirmés à affronter les défis et à saisir les opportunités de la vie professionnelle.

Contact :
- Instagram: @RumiAbdoulatif
- X (twiter): @RumiAbdoulatif